AF453097

Enfer
1008

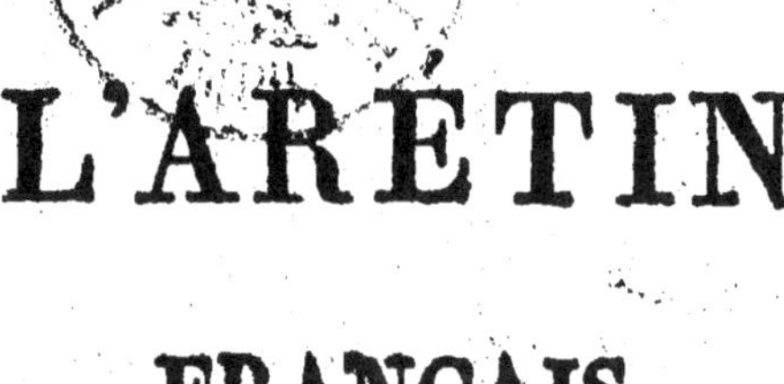

L'ARÉTIN

FRANCAIS.

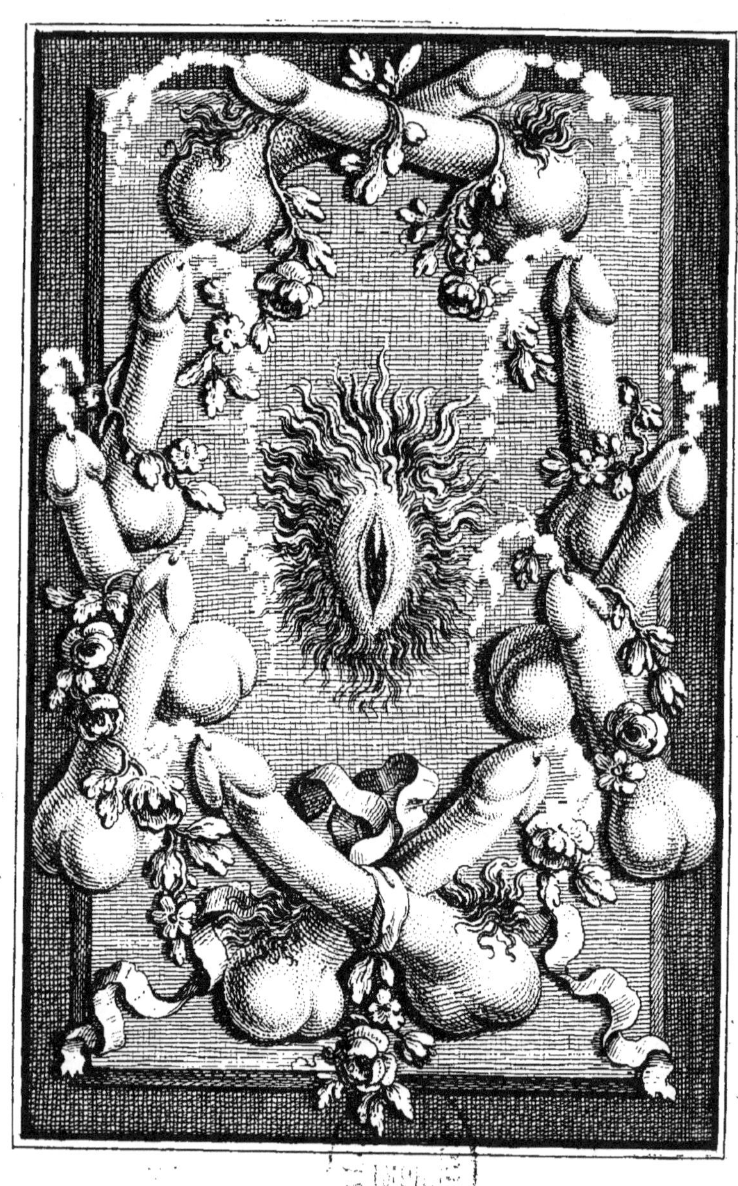

L'ARÉTIN

FRANÇAIS,

PAR UN MEMBRE DE L'ACADÉMIE DES DAMES.

J'appelle un chat un chat.

Boileau.

BRUXELLES.

CHEZ LES MARCHANDS DE NOUVEAUTÉS.

—

1830.

Avertissement

De l'Editeur.

Qu'on ne s'attende point à trouver ici une traduction littérale des Sonnets de l'Arétin : la langue italienne, comme toutes les autres, a des beautés qui lui sont particulières, et qu'aurait défigurées la servitude d'un idiôme étranger. Le poète s'est appliqué seulement à rendre les différents sujets du dessinateur, dans le style le plus précis, le plus chaud, et surtout le plus clair qu'il lui a été possible.

Nous croyons que ce petit Recueil, orné de gravures faites avec autant de soin que de goût d'après les précieux dessins de Jules-Romain, sera distingué de ces compilations qui ne portent que les livrées d'une débauche sans coloris. Quand on se permet le mot, il faut que les délires de la fièvre amoureuse ou le pittoresque des idées l'accompagnent. Le talent qui brille dans les PRIAPÉES de ROME ANTIQUE les fera toujours rechercher.

Tous les systèmes, de quelque genre qu'ils soient (rêveries, chimères de l'esprit humain), devant s'évanouir, méritent peu qu'on s'en occupe. Nous ne présentons, nous, que des objets réels et palpables, les fermentations du sang, l'enthousiasme qu'elles excitent, enfin ce penchant irrésistible et universellement avoué d'un sexe pour l'autre, penchant inaltérable, ainsi que la NATURE d'où il émane.

INTRODUCTION.

Raisonnable Amitié, des cœurs sois le salaire !
  Dans les nôtres règne à ton tour!
Mais au vit, mais au con le foutre seul peut plaire ;
Pour eux, nous y trempons tous les traits de l'amour :
  Nous préférons, loin du Parnasse,
Le solide plaisir aux stériles honneurs.
Sur le Mont-de-Vénus, contens de notre place,
  Il nous suffit d'être amans et fouteurs.

Frontispice.

A tous les vits le con donne des lois,
Des voluptés c'est la source féconde.
Vits, couronnez le con, ce roi des rois,
Et que le foutre à chaque instant l'inonde.

Figure Première.

Des feux les plus ardens le con me rend la proie,
Le con, par excellence, est l'ouvrage des dieux ;
L'homme au con doit sa vie, et plus encor sa joie.
Voltaire a beaucoup fait ; il n'a rien fait de mieux.
Du spectacle jamais je ne fus idolâtre,
Il laisse à froid souvent et l'esprit et le cœur.
De la place où je suis je me forme un théâtre,
Le con c'est là ma pièce, et mon vit est l'acteur.

Figure Deuxième.

Pour un vit amoureux la gentille ouverture !
Foutons ! oui, foutons promptement :
Foutre est le vœu de la nature.
Du vit avec le con le lien est charmant ;
Il faut que le vit foute, ou que le doigt chatouille,
Lorsqu'un obstacle vient nous réduire au dernier ;
Enfin, point de plaisir sans la motte et la couille,
A moins d'être un Jean-Foutre on ne peut le nier.

Figure Troisième.

L'ardeur de foutre rend ingambe ;
Sur mon épaule, allons, mets cette jambe !
Quand tu veux que je pousse ou fort ou doucement,
Précipite ou retiens du cul le mouvement :
Ainsi réglons nos coups et foutons en mesure.
Le con, voilà mon trône, en est-il un plus beau ?
Pour frapper droit au but dans cette route obscure,
A Priape, mon vit servirait de flambeau.

Figure Quatrième.

Objet de mes désirs, objet de mes tendresses,
Qui te baise doit être envié des dieux.
L'albâtre de ce dos, de ces reins, de ces fesses,
M'offre l'Olympe entier, charme et ravit mes yeux.
Mets-toi bien à ton aise et laisse-moi la gêne;
Ote ta main, je sens que seul il peut aller.
Mon corps attend le tien, qu'il vienne s'y coller!
Glisse, tombe sur moi: prends du plaisir sans peine.

Figure Cinquième.

O vit, à mon secours! toi seul es mon trésor :
Viens, ah! viens rafraîchir ma brûlante matrice;
Ta perle vaut mieux qu'un puits d'or.
C'est proprement un vit, un vit d'impératrice.
Sous mes agiles doigts il reprend sa longueur;
Il élève et brandit sa tête rubiconde.....
Vit, imbibe mes flancs d'un foutre créateur,
Qui d'un vit, ton égal, enrichisse le monde!

Figure Sixième.

J'éprouve à ton aspect un doux frémissement ;
A ta voix seule, je soupire ;
J'en suis encore à mon premier moment ;
Plus je jouis, plus je désire.
J'aime à te caresser, l'amour fait mon bonheur.
Qu'une froide coquette, orgueilleuse statue,
De ses riches bijoux étale la splendeur,
Ma plus belle parure est d'être bien foutue.

Figure Septième.

Prends, lève et soutiens-moi la cuisse
Pour le fourrer tout autant qu'il se puisse.
J'aime le vit.—Moi, j'adore le con :
Qui n'est pas fouteur n'est pas homme.
—O! que tu le fais bien!.. pousse.... à merveille!.. bon!.
Ah! mon roi! c'est ainsi qu'il faut que je te nomme ;
Je sens... je vais mourir : trépas délicieux !
Ton vit me fait pâmer.—Ton con me met aux cieux !

Figure Huitième.

Auprès de sa déesse, on doit être à genoux ;

M'y voilà : tes faveurs font mon bien et ma gloire.

Le beau corps ! Au toucher le satin est moins doux.

Je te sacrifîrais le manger et le boire,

De toi seule j'ai soif et faim.

Que ton con se prépare à la plus ferme attaque,

Mon vit s'enflamme encore en passant par ta main :

Il t'offre tout Paphos, tout Cythère et Lampsaque.

Figure Neuvième.

Pour ce vit, mes amours, que ne suis-je tout con?
Dieux! qu'il fournit bien sa carrière!
J'en suis folle.—Tant mieux! Foutre de la raison,
Au plus grand des plaisirs livre-toi toute entière,
Caressons-nous de plus d'une manière;
Donne, reçois et rends. Que ton corps et le mien
N'en formant qu'un, ne se dérobent rien:
Foutons du haut en bas, et devant et derrière.

Figure Dixième.

Sois aujourd'hui ma petite levrette,
Cette attitude t'embellit :
Écarte-toi..... j'y suis ; avant que je le mette,
Je veux te chatouiller de la tête du vit.
Savoure cette friandise,
Elle n'est point à mépriser....
Fraîches lèvres du con que je vous magnétise,
Car foutre ainsi, je crois, c'est bien magnétiser.

Figure Onzième.

· sommes l'un et l'autre aussi chauds que pigeons;
‿a langue, que je la mordille.
Branlons, foutons, limons et déchargeons;
Qu'en mouvement ton corps le dispute à l'anguille.
Bien! très-bien, mon cher cœur! c'est de cette façon.
—Toi, ne me quitte point.... Ah!... la liqueur divine
Circule à grands flots, s'achemine.....
Es-tu prêt?..Je décharge.. Ah! mon Dieu! que c'est bon!

Figure Douzième.

Te voilà, mon aimable brune,
Avec cette roue à la main,
Te voilà comme la Fortune ;
Aussi règle-tu mon destin.
Je laisserais tout l'or du Pactole et du Tage
Pour un des mille appas que l'Amour vient m'offrir.
Mais la Fortune, ô ciel ! la Fortune est volage :
Ne lui ressemble point, tu me ferais mourir.

Figure Treizième.

Qu'il est long ! qu'il est ferme ! il percerait un mur.

Point de vide avec lui, sans cesse il m'aiguillonne,

Hercule et Mars l'ont moins gros et moins dur.

Quel maître vit ! au diable s'il déconne !

—Déconner, je t'en fous ; rien ne peut amortir

Le feu d'un cul qui contre ton cul choque.

—Athlète audacieux, ta fierté me provoque :

Mes coups vaudront les tiens, et tu vas les sentir.

Figure Quatorzième.

Ne pense pas, toi qui sais m'enivrer,
Qu'un seul de tes attraits échappe à mes caresses
Il est un temple à Vénus-belles-Fesses ;
Or, d'une offrande on peut donc l'honorer.
D'un instant c'est la fantaisie ;
Je reprendrai bientôt l'ordinaire chemin :
Excuse le transport d'une tendre folie ;
Laisse-moi, joli con, entrer chez ton voisin.

Figure Quinzième.

Y songez-vous? quel dessein est le vôtre?
   Arrêtez-vous donc, mon ami.
—Un téton s'offre à moi, ton enfant aura l'autre.
   Il tette, eh bien! que le con tette aussi....
—Dans mon cœur et mes sens, ô plaisir, tu te glisses!
Lait et foutre coulez, jaillissez tour à tour!
Ciel....! j'éprouve aujourd'hui de nouvelles délices:
Je contente à la fois la nature et l'amour.

Figure Seizième.

« Dors, mon enfant, clos ta paupière »,
Comme dit certaine chanson.
—Et vous, et vous, charmante mère,
Qu'à l'assaut de mon vit, s'éveille votre con.
—Quel plus agréable exercice ?
Mouvement régulier, que tu me semble doux !
Nous nous acquittons bien tous deux de notre office :
Je berce, je branle, et tu fous.

Figure Dix-Septième.

Tous les plaisirs s'épuisent à la fin,
Mais celui de Vénus par toi se renouvelle.

J'admire et dévore ce sein;
Nulle femme à mes yeux autant que toi n'est belle....
Jambes, cuisses, genoux, ventre, motte, cul, con,
Chacun de vos trésors tour à tour m'intéresse.
Quand je vous tiens, quoique sans bien, sans nom,
J'ai l'opulence et la noblesse.

Résumé.

Aimons, foutons, ce sont plaisirs
Qu'il ne faut pas que l'on sépare ;
La jouissance et les désirs
Sont ce que l'homme a de plus rare.
D'un con, d'un vit et de deux cœurs
Naît un accord plein de douceurs
Que les dévots blâment sans cause.
Hommes, femmes, songez-y bien :
Aimer sans foutre est quelque chose,
Foutre sans aimer ce n'est rien.

Priapées Diverses.

Fragment

D'UNE LETTRE EN PROSE ET EN VERS

ADRESSÉE A L'AUTEUR.

De V..... le 2 Février 1787.

. . . .
. . . .
. . . .
. . . . . . Piron a laissé à son disciple quelque chose de plus que son manteau. On vous saura gré, comme à lui, de vos versets et de vos hymnes ; ce ne seront pas, j'en conviens, les bégeules et les bigots qui vous applaudiront ; mais que vous importe cette classe d'êtres ! La crudité des expressions n'a rien de révoltant pour un lecteur raisonnable, quand il sent qu'elles ont échappé au poète comme le plomb chassé d'une carabine : si elles se succè-

dent, si elles abondent , on n'a pas le temps de lui en vouloir , ce n'est plus l'homme qu'on entend, c'est la Nature ; agité, tourmenté par elle , il en est l'organe ; il parle et dit tout ce qu'elle lui inspire . . . .

. . . .

. . . .

Défense à nos petits poètes de se mettre sur la même ligne, quand ils diraient les plus jolies choses ; cent rossignols ne valent pas un moi-neau-franc. Vous, dont le style tient du salpê-tre qui vous anime , gardez une place où je voudrais bien être.

Mon cher Priape, à vous toute la gloire ,
Tout le profit. Coquin, vous me flattez ;
Je vous rends grâce et je ne puis vous croire,
A vous le pas dans les sociétés ;
A vous le dé : vous subjuguez les femmes ;
J'ai des désirs et vous des facultés.
Comme de tout nous différons de l'ame,
J'aspire en vain à vos prospérités,
Mes vers et moi nous sommes peu fêtés :
A vos plaisirs je dispose les Dames ;
Je me connais, je vous juge. Écoutez ,
Je les chatouille , et vous, vous les foutez.

Mais je dois, en bon chrétien, faire mon bonheur du bonheur des autres, et, comme ami, vous souhaiter en particulier un plaisir inextinguible.

> Entrez , sortez , rentrez , restez ,
> Allez rompant les dures trames
> Des rebelles virginités.
> Soyez l'amant de cent beautés ,
> Et dans leurs yeux voyez leurs âmes
> Vous mettre au rang des Déités....
> Foudres dévorants, éclatez !
> Fleuve, embrasez dans votre course
> Et les canaux d'où vous partez ,
> Et ceux dont vous cherchez la source.
> Qu'à mon ami les voluptés
> Tiennent toujours lieu d'or en bourse ;
> Je ne l'ai pas cette ressource ,
> Et mille écus me sont ôtés.

Otés par an ! . . . .
. . . . Mais je suis prêt à tout, comme disait le pieux Énée :

> *Non ulla laborum*
> . . . . . *Nova mi facies inopinave surgit :*
> *Omnia præcepi, atque animo mecum antè peregi.*
> . . . . etc.

X.. F.. L.. G..

Réponse de l'Auteur.

De P.... le 7 Février 1787.

QUELLE idée vous êtes-vous formée de moi, mon ami !.... C'est ma faute ; je vous ai récité quelques-unes de mes vieilles folies, et vous m'avez cru toujours fou. A vous entendre, frère Oignon, père Andouillard ne feraient œuvre vis-à-vis de moi. Il s'en faut que je mérite et même que je veuille mériter cette réputation. L'homme qui ne saurait lire Richardson ou J.-J. Rousseau, sans être attendri jusqu'aux larmes, n'a garde d'affaiblir ses jouissances en les divisant. La nature, je l'avoue, m'a gratifié d'un tempérament assez bon ; mais en même temps elle m'a doué d'une âme trop délicate pour ne pas me laisser guider plutôt par le sentiment : aussi, en fait de

mœurs, je ne redoute point que personne
m'efface.

Rien de plus ingénieux, de plus concluant
que l'article de votre Lettre où vous prenez la
défense du genre libre dans lequel je me suis
exercé, à l'imitation de ces peintres qui se dé-
lassent d'ouvrages sérieux par des caricatures.
Votre comparaison du style poétique avec le
chassé d'une carabine vous ferait seule pro-
clamer poète, et les vers qui coupent votre
prose confirment ce jugement; permettez-
moi de rectifier le vôtre à mon égard.

Je ne subjugue point les femmes,
Les vierges encor moins, c'est le fruit défendu.
Je fuis l'intrigue et j'abhorre ses trames,
[illegible] au pur amour de tout temps s'est rendu.
[illegible] Vénus daigne me sourire,
De [illegible] de l'encens les parfums les plus doux
Son [illegible] pieds de l'autel qui m'attire;
Là, for[illegible] mes sens.... je fous;
Mais, tant je crains d'offenser ce que j'aime,
Mon cœur, en jouissant, se le cahche à lui-même.

[illegible]nneur à Piron, dont vous me parlez.
[illegible]gré sa fameuse Ode, il fut plus décent

que beaucoup de ceux qui la lui reprochent encore. C'est lui dont la verve tient du salpêtre. Moi, je dis avec son *Métromane* :

La sensibilité fait tout notre génie.

La nouvelle de vos mille écus retranchés par an m'afflige ; mais je vous félicite du courage avec lequel vous supportez cette perte. En effet, les doléances ne changeraient rien : il ne s'agit que de prendre le compas de la modération, de faire le cercle plus petit et de n'en point sortir. Adieu ; santé ferme, joie constante, et amitié, s'il se peut, égale à la mienne.

****

Le Con et le Vit,

DIALOGUE.

> Reddere personæ....
> Convenientia cuique.
>
> HORAT., *Art. Poet.*

LE CON.

DOUCEMENT, doucement.

LE VIT.

N'ayez point peur, je ne pose point à terre, je suis tout en l'air.

LE CON.

Bon. C'est que si ma maîtresse s'éveillait, tout serait perdu. La circonstance est favorable, elle a les cuisses écartées, la couverture est tombée dans la ruelle; je suis au bord du lit, le drap est relevé, la lampe est vis-à-vis de moi... avancez.

LE VIT.

Me voilà.

LE CON.

Ciel!

LE VIT.

Ah! Dieux!

LE CON.

C'est donc là ce qu'on appelle un vit!

LE VIT.

Oui, cher petit con d'amour.

LE CON.

Je mourais d'envie d'en voir un.

LE VIT.

Ce n'est rien de me voir, c'est de me sentir.

LE CON.

Comme vous remuez! comme vous grandis-
sez! que c'est drôle!

LE VIT (s'approchant.)

Si j'osais....

LE CON.

Ne me touchez pas.

LE VIT.

O nature!

LE CON.

Les grosess veines!

LE VIT.

Le joli poil!

LE CON.

Vous en avez aussi.

LE VIT.

Le dessus, le dessous, les environs...... Il n'y a rien comme cela.

LE CON.

Vous en dites peut-être autant au premier de mes semblables.

LE VIT.

Vous n'avez point de semblables, non, d'honneur.

LE CON.

D'honneur! Quoi! vous connaissez ce monstre? Il me fait bougrement enrager, ainsi que quelques autres foutus mots de SAGESSE, DEVOIR et VERTU, que ma chienne de maîtresse a toujours à la bouche, viande creuse dont je ne puis me repaître, moi.

LE VIT.

Que je vous aime de cette humeur! En parlant votre langue et la mienne, vous me donnez une liberté qui m'enchante, car je ne suis, foutre, que trop gêné de bander si raide et de ne pouvoir que vous regarder...Gentil conaut! (EXTASE ET DÉCHARGE) c'est en effet ce qui nous convient, le reste nous est étranger...Tutoyons-nous, mon charmant petit abricot : loin de nous ces complimens d'usage entre MM. les Quarante ; notre société de deux à deux ne recherche, ne savoure que le plaisir, et se fout de la cérémonie. Hélas! quand Hortense cessera-t-elle d'être dupe? Je m'aperçois heureusement qu'elle étend ses soins voluptueux jusqu'à toi. Je te flaire avec transport; je deviens dur comme fer à l'odeur suave que tu exhales. Ecoute! tu peux beaucoup sur cette âme rebelle : chaque fois que tu seras sur l'autel de la propreté, autrement le bidet, ouvre à l'éponge tes lèvres vermeilles et sensibles, ainsi qu'au souffle caressant du zéphir s'épanouit une rose; presse - les amoureusement contre la main qui les baigne et les essuie, tu communiqueras à tout son corps tes ca es agitations, tu ébranleras ses sens, tu y porteras tour à tour l'ivresse, l'égarement, l'incendie et le ravage. Il est essentiel de lui développer tous les miraculeux ressorts de ta céleste mécanique.... Foutre! entends-tu comme je chante! Je ne suis pas le vit d'un sot ; non, j'ai un feu extraordinaire; tel qu'un vigoureux coursier, je bondis et j'écume en ta présence.

LE CON.

Parle donc plus bas, ma maîtresse vient de soupirer.

LE VIT.

Je la ferais soupirer bien autrement, de par tous les diables .

LE CON.

Ta vue et tes paroles me brûlent, me sèchent.

LE VIT.

Attends, que je te rafraîchisse, que je t'humecte un peu....

LE CON.

Ouf!... tu ne pourras jamais... Haye!... ah! ah! ah!... ouf! arrête.... rien qu'à l'entrée, je t'en prie... là... ah!... ah!... comme un ange !

ENSEMBLE.

LE CON.	LE VIT.
Ah!.... ah!.... ah!....	Oh!... oh!... oh!...
Ah!... ah!... délicieux!	Oh!.. oh!.. ah! foutre !
Ah!... ah!... Je meurs !	Oh!... oh!... divin!
Ah!.......... ah!...	Ah!... ah!........ ah !

LE VIT (après une longue respiration de part
et d'autre.)

Eh bien?

LE CON.

C'est ravissant!

LE VIT.

Ce n'est pourtant qu'une ébauche de la
jouissance.

LE CON.

Elle a fait impression sur ma maîtresse, qui
vraisemblablement la prendra pour un rêve,
et un rêve de cette sorte conduit quelquefois
à la réalité. Que ton maître continue ses visites;
qu'il règle constamment ses goûts sur les siens;
qu'il la sollicite à propos, je me charge du reste. Mais point d'infidélités.

LE VIT.

Que je perde mes couilles (ce sont ces bou-
lettes que tu vois) si dorénavant je vas et viens
autre part que dans cette petite niche. Hortense a, dit-on, de l'esprit, des grâces; enfin
toutes les pretintailles qui touchent au cœur;
Dorante n'est pas mal pourvu de ces jolies dro-
gues, à en juger par l'exercice qu'il me don-
nait avant de la connaître : il a renoncé à tou-

tes les femmes pour elle ; s'il a le bonheur de triompher de celle-ci, tu sentiras, pour parler comme lui, quel charme le consentement de la personne qu'on aime ajoute au plaisir.

LE CON.

Je n'en aurais, toute ma vie, d'autres que celui que je viens de goûter, qu'il me suffirait.

LE VIT.

Je ne dis point cela.

LE CON.

On s'agite, on se retourne ; la pointe du jour paraît, retire-toi.

LE VIT.

Autant la mort. Je suis fâché à cette heure d'être venu... Le beau petit portail....

LE CON.

Allons, va-t'en. Adieu, mon joujou.

LE VIT.

Adieu, ma motte.

LE CON.

Adieu, mon lingot.

LE VIT.

Adieu, ma toison.

LE CON.

Au revoir, mon grand coquin.

LE VIT.

Petit Jean-Foutre , je t'avalerais si j'avais une bouche. Adieu, mon rat.

LE CON.

Adieu, ma queue.

Le Provincial à Paris.

Certain provincial (j'en ris lorsque j'y pense),
　　Chez des filles est introduit.
Il les crut, à l'abord des femmes d'importance :
　　Meuble fort élégant, parure, air d'opulence,
　　　Bonne table et ce qui s'ensuit ;
　　Il observait un modeste silence.
　　On joue, il perd ; on soupe.... vers minuit,
　　　Par une d'elles, ô surprise !
　　　Près d'une porte il est conduit :
« Voudriez-vous, Monsieur, dit-elle avec franchise,
　» Passer dans la chambre où l'on fout ? »
　　　Il répondit à la demande
　　Qui lui causait un singulier dégoût :
« Menez-moi donc, avant, dans la chambre où l'on bande. »

Le Mari

ET LES DEUX CONFESSEURS.

Père Félix, vous êtes mon refuge ;
  Ai-je péché? Soyez mon juge.
Ma femme étant très-grosse, et craignant pour son fruit,
  J'ai par derrière essayé le déduit.
  —Toujours où vous savez.—Sans doute.
  —Rien n'est mieux.—Eh bien ! croiriez-vous
Que venant, par scrupule, à nommer cette route,
Père Joseph s'est mis dans le plus grand courroux.
  Qu'il m'a chassé ; bref, qu'il me damne.
  —L'étourdi! l'ignorant! le sot!
Suivez-moi, je m'en vais lui parler comme il faut,
  Et laver la tête à cet âne....
Les voilà devant lui.-Pourquoi troubler Monsieur,
  Quand le cas....—Le cas est infâme.
  —Mais point ; vous êtes dans l'erreur.

Un mari peut bien voir sa femme....
—La voir par là ! Fi ! peut-on y penser ?
—Ecoutez donc.—Je fuis pour ne point vous entendre.
—Allez, Monsieur, allez apprendre
A foutre avant de confesser.

Les Saucissons.

A son curé, d'un saucisson ,
Villageoise plus que jolie ,
Vint faire honnêtement le don.
Chez le pasteur était nombreuse compagnie.
Les hommes, la voyant louèrent sa beauté
    Qui leur faisait à tous envie ;
Les femmes, seulement son air de propreté.
    Quelqu'un vanta sa générosité ;
    Lors un plaisant dit avec ironie :
    C'est un rendu pour un prêté.

Les excellentes Parties.

DEVANT une dévote, et douce et charitable,
Du pinceau le plus noir on peignait un absent;
    Souffrant d'entendre qu'on l'accable,
Elle prend la parole : « Il est bien indécent
    » D'accréditer pareilles calomnies ;
» Cet homme a, j'en réponds, d'excellentes parties.

Le Chauffage économique.

Près de ma gentille Nanon,
L'hiver jamais je ne grelotte :
Que le bois renchérisse ou non,
Moi, je m'en tiens au feu de motte.

Origine du Proverbe

LE JEU NE VAUT PAS LA CHANDELLE.

ALAIN, novice en l'amoureux mystère,
Un soir dans un grenier, allant foutre Nanon,
   Jeune et gentille chambrière,
   Afin d'y mieux voir, ce dit-on,
   S'était muni d'une lumière.
Trop faible était le gars pour si bonne ouvrière;
Car au lieu d'avancer il restait en chemin.
Aussi d'un coup de cul déprisonnant l'engin :
   « Au diable soit le sot, dit-elle!
   » Le jeu ne vaut pas la chandelle. »

Le Cordelier qui fait feu.

Un Franciscain promettait la douzaine,
On sent de quoi ; Marton va le chercher
Pour sa maîtresse, à qui si rare aubaine
Fait ouvrir l'œil ; lui, de se dépêcher.
C'était le soir ; on voulait du mystère ;
Près de Madame, avec le seul flambeau
Que de Priape avait reçu le père,
Le voilà donc trouvant, offrant du beau,
Et sans y voir enfilant bien la route
Qui des humains adoucit les malheurs.
A ceux de l'ordre un tel travail ne coûte.
De l'Éternel vivent les serviteurs !
La dame, forte, et brave à la riposte,
Est pourtant lasse à la septième poste ;
« Père, un moment.—Pourquoi?—Je suis à vous ;
« Mais il me faut abandonner la place
« Pour un besoin qui me gêne et tracasse ;
« Petit repos rend le plaisir plus doux. »

Je vous attends.... Madame se dérobe.
Vite de l'eau, cela me cuit, Marton.
Cinq fois encor! Dans cette garderobe
Je reste; toi, va le rejoindre.—Non;
Vous vous plaignez, je crains même cuisson;
Nature est une, et la pauvre soubrette,
Comme la dame, en cet endroit est faite.
—Tu veux ma mort.—Ce mot suffit, pardon!
Plutôt la mienne. En effet, Marton vole;
Soudain l'acteur, pour reprendre son rôle
Avec éclat, touche.... Quel changement!
Marton n'avait qu'un très-bon caractère;
Où ce téton, sous la main si charmant?
Où cette cuisse, et.... tout ce qui peut plaire?
L'acteur trompé touche ici le contraire;
Veut s'éclaircir avant le dénoûment,
Tire briquet et pierre; il frappe... à l'étincelle
Marton s'enfuit, tremble, crie et chancelle.
Madame, il doit vous cuire, et non pour peu,
Je le crois bien; ah! le monstre! il fait feu.

Telle Demade

TELLE RÉPONSE.

Un fat, avec l'impertinence
Que l'on connaît à cette engence,
Aborde une actrice, et lui dit:
Peut-on savoir, Mademoiselle,
Qui vous fout? Monsieur, répond-elle,
En le saluant, c'est un vit.

La jolie Femme

ET LE PEINTRE.

Pour faire mon portrait, demandait une femme,
Que me prendrez-vous, là?.. Montrez de la raison.
Le peintre la trouvant fort à son gré : Madame,
—Dites.—C'est au plus bas, je vous prendrai le con.

L'Honnêteté.

Deux faquins à tête légère,
L'un abbé, l'autre mousquetaire,
Rencontrent en leur chemin
Le fameux docteur Dumoulin.
Pardonnez si l'on vous arrête,
Monsieur, dit le petit-collet;
En bref voici notre requête :
Peut-on baiser à vit mollet?
Lors le docteur branlant la tête,
Cela se peut à la rigueur,
Lui répond-il d'un air moqueur,
Mais bien bander est plus honnête.

Calembourg.

Par une fille, sur sa porte,
Je fus, un soir, raccroché de la sorte :
    « Monsieur paraît bien occupé ;
    » J'aurais pourtant à lui remettre
        » Une lettre. »
—Oui, la lettre qui suit le P.

A une Rousse impertinente

FILLE D'UN RELIEUR.

Vous avez beaucoup de fraîcheur,
La gorge belle et la peau blanche,
Mais votre sourcil, par malheur,
Annonce un con doré sur tranche.

Sur le R. P. Urbain

CARME D'UN GRAND MÉRITE.

Quel appétit! quelle éloquence!
Sous un froc c'est le dieu du goût;
O comme Urbain avec aisance
Mange, boit, prêche, rime et fout!

Bouts-Rimés.

J'AIMERAIS mieux tailler un *roc*,
Filer, chaque jour, ma *quenouille*,
Et sans soif avaler un *broc*,
Que de toucher bijou qui *mouille*.

La Bénédiction Paternelle.

Avant d'entrer au lit de l'hyménée,
La jeune Alix, bien apprise, bien née,
    Bénédiction demanda
A ses parens, ne voulant passer outre ;
Le père sur sa fille une croix imposa,
    Et lui dit : Va te faire foutre.

Prière

POUR LES FEMMES EN COUCHE.

Cris ne font rien quand on accouche ;
Dites plutôt cette oraison :
« O mon Dieu, fermez-moi la bouche,
» Et m'ouvrez, s'il vous plait, le con. »

Définition de l'Amour.

Nul, comme il faut, ne définit l'Amour ;
Pour l'embellir, on le déguise, on l'outre :
Moi, qui l'éprouve et qui suis sans détour,
Je dis tout net : C'est le besoin de foutre.

[Epigrammes de Martial.

I

Trente culs sont à toi, mêlés d'autant de cons ;
Tu n'as qu'un vit: que faire? il dort sur ses couillons.

II

Laide et vieille, tu veux que gratis on t'enconne :
Sotte prétention ! Veux-tu recevoir ? Donne.

III

Paul ne termine rien, et Paul commence tout ;
Je ne crois pas que Paul achève quand il fout.

IV

Tant d'eunuques! Pourquoi? C'est qu'elle craint la sauce
Elle veut qu'on la foute et non pas qu'on l'engrosse.

V

Tu veux toujours que mon vit reste droit :
Y penses-tu ! Le vit n'est pas un doigt.

Épigrammes d'auteurs incertains.

I.

Douce est la tendre main qui caresse un menton ;
Mais le vit, quoique dur, est bien plus doux au con.

II.

Du vit, ah! que le doigt n'a-t-il le sens flatteur !
Ou du doigt, que le vit n'a-t-il donc la vigueur!

III.

Sur le masturbateur le con n'a point de droits ;
Je fais, dit-il, un con plus serré de mes doigts.

IV.

SUR UNE FIGURE DE PRIAPE.

Me viens-tu regarder? c'est du sang qu'il t'en coûte,
Cette image te dit : Qu'on se branle ou qu'on foute.

Imitation de l'ode d'Horace

IN ANUM LIBIDINOSAM.

Retire-toi, vieille sorcière ;
Que le diable t'accolle et te foute s'il peut !
Tu m'excites en vain, de toi rien ne m'émeut ;
    Tes pis de vache ou tétons de tripière,
Si j'osais les toucher me fondraient dans les doigts ;
Ton œil est une ruche où la cire séjourne ;
Un four, voilà ta bouche ; un tonnerre ta voix.
    De quel côté faut-il que je te tourne,
        Pour que tu fasses moins horreur ?
        Voyant ton corps de terre cuite
D'où s'exhale sans cesse une fétide odeur,
Les Amours effrayés soudain prennent la fuite.
    Tes jambes sont deux piliers monstrueux,

Dignes soutiens de l'édifice affreux ;
  Ton ventre, un long tablier jaune
  Qui sûrement a plus d'une aune ;
  Tes deux cuisses, deux grosses tours
Où pend un vilain cul qui toujours flotte et tremble,
Et ton con, non pas con, mais connasse, ressemble
A la gueule d'un chien qui n'a bu de huit jours.

Parodie

DE L'ENTRÉE D'OROSMANE DANS ZAIRE.

Innocente Rosette, « avant que l'hyménée
»Joigne à jamais nos cœurs et notre destinée, »
J'ai cru, sur votre con, sur mon vit, tour à tour,
Devoir, en droit fouteur, vous parler sans détour
Des bougres effrénés, dont la liste est très-ample.
Les exécrables mœurs ne sont point mon exemple
Ils disent que le cul, favorable au plaisir,
Offre un champ plus étroit et plus doux à saisir
Que du premier anus se formant une gaîne,
Les vits les plus fluets s'y trouvent à la gêne,
Et qu'au sortir du con un athlète éreinté
Se ranime à l'attrait de cette nouveauté ;
Mais, cristalline à part, sa suite est trop cruelle
On arrête, on enferme, ou l'on rôtit pour elle.

De Loyola je sais qu'un tas de sectateurs,
De la fange des culs porceaux inquisiteurs,
Faisant à leurs excès servir l'autel de trône,
Affectent du ponent l'empire et la couronne.
Les monstres! ils seraient, par un choix plus heureux,
Maîtres du clitoris, « s'ils l'avaient été d'eux. »
M'enculer avant l'âge, était leur folle envie.
Pour éloigner de moi cette secte ennemie,
Le ciel vengeur arma mon père d'un gourdin :
Mon oncle, après sa mort, leur frotta le grouin ;
Et moi, leur vouant une haine éternelle,
Je marche au con d'un pas qui jamais ne chancelle.
Que dessous leurs bonnets, vers nos culs attirés,
Leurs yeux roulent sans fin de luxure altérés ;
Que la trompette encore à l'égal du tonnerre,
De leur renom fameux étourdisse la terre,
Je n'irai point, en proie à de sales amours,
Aux jeux du culetage immoler nos beaux jours.
J'atteste ce téton et mon vit qu'il enflamme,
De ne pas prendre un poil du con d'une autre femme,
De vous montrer l'amant, de vous cacher l'époux,
De ne verser enfin de foutre que pour vous.
Ne croyez pas non plus qu'à mes doigts je confie
Les plaisirs réservés à ma femme chérie :
J'abhorre du poignet l'usage injurieux

Qui détourne du con par un art odieux ;
Je veux vous foutre « autant que je vous aime, »
»Ou me fier à vous pour me branler vous-même.
»Après un tel aveu, vous connaissez mon cœur,
»Vous sentez qu'en vous seule il a mis son bonheur,»
Vous comprenez assez quelle affreuse incertitude
Corromprait de mon vit la solitaire écume,
Si vous n'abandonniez à ce membre parfait
Qu'un immobile con, acteur froid et distrait.
Je vous aime, Rosette, « et j'attends de votre amo
» Un amour qui réponde à ma brûlante flamme.»
Mon indomptable vit ne fait rien qu'ardemment ;
Je me croirais foutu de foutre faiblement.
De plus d'une façon je sais foutre et refoutre ;
Du palais de Vénus j'ai la maîtresse poutre :
Si de la même soif votre con se sent pris,
Je vous enconnerai, « mais c'est a ce seul prix ; »
Et de ce trésor vif l'enceinte savoureuse,
Me foutra bien malheur s'il ne vous rend fouteuse.

Contre les Délicats [1]

STROPHE D'UNE ODE PROJETÉE ET ABANDONNÉE.

Le vit à tout con doit l'offrande;
La préférence est un abus :
Hélas! malheur à qui ne bande
Que pour Hélène ou pour Vénus!
La beauté n'est qu'une foutaise,
C'est l'idole d'un bande-à-l'aise.
Un bon fouteur, à mon avis,
Jusque sur l'autel en doit prendre.
Ajax qui viola Cassandre,
Certes bandait mieux que Pâris.

[1] Les délicats sont malheureux,
Rien ne saurait les satisfaire.

LA FONTAINE.

L'ennemi des Disputes.

Sur les divers appas de la blonde et la brune,
De disputer que les hommes sont fous !
Brune ou blonde me fait une égale fortune,
La plus aimable est celle que je fous.

Éloge du Con.

A UN CAMARADE DE COLLÈGE.

Ami, tu m'as donné les leçons du plaisir;
Je ne suis point ingrat, j'aime à m'en souvenir.
C'est par toi que du con j'acquis la connaissance;
Du con qui plus que moi révère la puissance?
Je crains de l'affaiblir en l'osant célébrer,
Et dans ce doux réduit je sais me concentrer.
Je n'en sors qu'avec peine; aide ma voix tremblante,
Je goûte le bonheur, rarement je le chante.
    Merveille de la terre, ô délicieux con!
Mon vit rompant son frein s'allonge à ce seul nom.
Tu vas être branlé.... Déjà le gueux décharge....
Il ne débande point; revenons à la charge:
Jolis, friands tétons, et toi, cul bien tourné,
Je vous tiens, je vous presse... O ventre satiné!

Ce con, qu'il est vermeil ! il s'ouvre, je l'aspire,
Je décalotte, j'entre, et je pousse, et j'expire...
Je revois la clarté : malheureux ! qu'ai-je fait !
Hélas ! je n'ai d'un con foutu que le portrait ;
Loin du calice, hélas ! s'échappe ma rosée ;
Par ce combat trompeur ma force est épuisée ;
Fléchissant, raccourci, mon priape aux abois
Epanche tristement ses pleurs entre mes doigts.
Eh bien ! mon tendre ami, mon cher et savant maître,
Ton disciple, dis moi, fut-il digne de l'être ?
Poètes, taisez-vous. Par ses charmes divers,
Le con sera toujours au-dessus de vos vers ;
Le myrte, le laurier n'est pas ce qu'il demande ;
Non, qu'un foutre éternel soit votre unique offrande ;
Oui, si vous désirez le peindre dans son beau,
Dans ses poils réunis faites-vous un pinceau.

Supplément de l'éloge du Con.

Sur un vit comme il faut qu'un con a de vertu !
   Peut-il bander et passer outre ?
J'ignore, Dieu merci, le mal d'avoir foutu,
   Mais je connais le bien de foutre.
   C'était hier, c'est aujourd'hui ;
Toujours je baiserai, je foutrai, pour mieux dire;
Je suis né pour le con, je périrai par lui ;
   C'est mon aimant, que le con, il m'attire ;
   Ma langue (ineffable douceur !)
D'un con frais, d'un con pur est la seconde éponge:
Ainsi je le prépare, et lorsque je m'y plonge,
Le plus heureux du monde envirait mon bonheur.

Encore sur le Con.

Dans cette grotte obscure incessamment s'allume
Un feu plus violent que celui de Vulcain ;
Et c'est là qu'en secret sur une molle enclume,
Les culs en bondissant frappent le genre humain.

L'Art de Foutre.

Foutre est un art ; on croit que ce n'est rien ;
Chacun s'en mêle, et peu l'entendent bien.
Sans cesse, en conversant revient cette matière.
Parlons-en, mes amis. Dès qu'on bande, est-il bon
De se fourrer promptement dans un con,
Et par un trop grand train d'abréger la carrière ?
Je ne présume point que ce soit votre avis.
Allumons par degrés une durable flamme,
Distinguons-nous toujours du vulgaire des vits ;
Quand nous touchons un corps intéressons une ame.
Et la routine et l'uniformité
Déplaisent à la volupté.
Sommes-nous près du temple, arrêtons à la porte :
D'une pieuse main, que les roses, les lis,
Légèrement tour à tour soient cueillis,
Et retardons l'entrée afin qu'elle transporte.

Invitation.

Cesse de me dire : Alte-là !
Accorde, accorde-moi *cela !*
Sans *cela*, qu'est-ce que la vie ?
Faisons *cela*, je t'en supplie !
A la ville, à la cour, au village, partout
Cela se fait, *cela*, d'amour est le ragoût ;
Il veut de son objet la pleine jouissance.
Qu'est-ce qu'un baiser sur la main,
Sur les yeux, sur la bouche, et même sur le sein ?
C'est une goutte d'eau sur un brasier immense.
Contemple un moment l'univers ;
On n'y fait que *cela* sur terre et dans les airs.
Les poissons font *cela* dans l'onde.
Les tourterelles, les moineaux,
Et les brebis et les chevreaux,
Font et refont *cela*, tel est le train du monde.

Prétends-tu le contraire?
Attends-tu le VISA d'un prêtre et d'un notaire?
Hélas! c'est pour bientôt ne plus s'en soucier;
Qui le fait par amour voudrait toujours le faire.
Cela... cela procure un suprême plaisir!....
En m'embrassant tu me refuse :
Cruelle! sans le tout les baisers font souffrir....
Mais l'*honneur*, me dis-tu...sur l'*honneur* tu t'abuse,
En *cela* ne gît point le véritable *honneur*,
Cela fait bien à deux et n'offense personne.
Sois conséquente ; j'ai ton *cœur*,
Avec le cœur cela se donne.

Aux petits Maîtres.

Air : Tu croyais en aimant Collette.

Voltigeurs, plus douillets que femmes,
Plus cardés, plus sots que moutons,
Qu'allez-vous faire auprès des dames?
La révérence.... et nous foutons.

Duo

A METTRE EN MUSIQUE.

Viens belle brunette,
Viens sur mes genoux.
Sous ta collerette
Que vois-je ? —Tout doux :
Tu n'y prends pas garde,
Maman nous regarde ;
Arrête, Lubin.
—Ta mère ? où donc, où donc, menteuse ?
—Par la fenêtre.—Oh ! que nenni ;
Tu fais exprès la peureuse.
—Tu me fais mal, haye ! ouf !—Paix, paix, c'est
pour ton bien ,
Autant que pour le mien.
Comme cette main frappe !....
La voilà prise.... Elle m'échappe.

Ce que je tiens vaut mieux :
Téton délicieux !....
Pince, mords, enfonce le coude ;
En vain tu veux me refuser ;
Jusqu'à cette lèvre qui boude,
Je veux moi, je veux tout baiser.
—Tu vas... casser... ma chaise.
—Je n'entends rien, mauvaise.
—Tu me fais mal, aye ! ouf ! — Paix , paix , c'est
pour ton bien ,
Autant que pour le mien.

Baise, ma chère âme,
Baise à ton tour ;
Que ton cœur s'enflamme,
Mourons d'amour.
—Finirez-vous ce badinage ?
—Je suis tout à toi.
Laisse, laisse-moi....
—Lubin, soyez sage....
Eh bien... eh bien !... je... n'en... puis plus,
Je succombe....
Efforts superflus !....
Je tombe......
Tu me fais mal, haye ! ouf ! — Paix , paix , c'est
pour ton bien ,
Autant que pour le mien.

A bas mouchoir et cotte,
Desserre tes genoux, Manon ;
Va, ne fais plus la sotte ;
Ton œil dit oui quand ta bouche dit non.
Il faut que je suçotte
De ce téton
Le vermeillet bouton :
Il faut que je tappotte,
Pressotte,
Branlotte,
Frotte, frotte,
Ce petit con,
Dont voici le bouchon ;
Et que de cette motte
Je peignotte ;
Je roulotte
La toison,
Plus noire qu'un démon.
A bas mouchoir et cotte,
Desserre tes genoux, Manon,
Va, ne fais plus la sotte ;
Ton œil dit oui, quand ta bouche dit non.

Le Menuet de la Mariée.

AIR du Ménuet d'Exaudet.

Que mon vit
Se roidit !
Ma poulette ;
Remarques-tu sa grosseur ,
Ainsi que sa longueur,
A travers ma brayette ?
Mets ton doigt
Sur l'endroit ;
Comme il bande !
Tu dois avoir un beau con,
C'est ce que le fripon
Demande.
De cette jambe à la cuisse,
Souffre que ma main se glisse....

Quel effet!
C'en est fait,
Je me pâme.
Hélas! quand je le mettrai,
Sûrement je rendrai
Mon âme.
Je renais ;
Que d'attraits
Je découvre !
Il n'est corps comme le tien,
Il faut de tout le mien,
Il faut que je le couvre.
Arrêtons !
Quels tétons !
Ah ! mignonne !....
Quel poil noir ! quel ventre uni !....
Quel cul !.... Dieu soit béni !
J'enconne.

Comme on voudra.

COUPLET.

Air du Barbier de Séville.

Ou la tendresse ou le désir m'enflamme ;
Belles, je fous d'une et d'autre façon.
Avec mon vit, si je ne vois qu'un con ;
Avec mon cœur si je rencontre une ame.

L'Un plus difficile à placer

QUE L'AUTRE.

Bienheureux qui commande à ce drôle immodeste,
Des plus fières beautés infaillible vainqueur.
    On sait où le mettre et de reste,
    On ne sait où loger son cœur.

Epilogue.

Adieu lecteurs, adieu lectrices,
(Car peut-être en aurai-je aussi.)
Qu'à vos plaisirs Amour et Vénus soient propices;
Du seul plaisir éprouvez le souci.
Que l'affligeant remords de vos libres caresses
N'empoisonne jamais les franches voluptés.
Foutez-vous des Catons, foutez-vous des Lucrèces;
Mais que l'ordre et l'honneur par vous soient respectés.

FIN.

TABLE.

www.ingramcontent.com/pod-product-compliance
Lightning Source LLC
LaVergne TN
LVHW021901170726
843503LV00003B/1345